Les lettres de l'alphabet

dès 3 ans

pour commencer à apprendre à lire Pas à Pas

Marie-Françoise MORNET
Enseignante en maternelle

Illustré par
Virginie CHIODO

Hatier
www.editions-hatier.fr

Présentation

Cet ouvrage va permettre à votre enfant de commencer progressivement son **apprentissage de la lecture**. Il va apprendre à nommer les 26 lettres dans l'ordre de l'alphabet, à bien prononcer leur son, à les reconnaître dans un mot et à s'entraîner au tracé des lettres majuscules bâtons.

La roue située sous la couverture, facile à manipuler, permettra à votre enfant d'associer rapidement chaque lettre de l'alphabet au dessin de son mot référent, facilitant ainsi la mémorisation du son de la lettre.

L'**abécédaire** à la fin de l'ouvrage propose pour chaque lettre de l'alphabet ses différentes graphies (majuscule bâton, minuscule d'imprimerie, minuscule cursive).

Conception graphique et mise en page : Al'Solo.

Édition : Stéphanie Simonnet.

Loi n° 49 956 du 16 juillet 1949 sur les publications destinées à la jeunesse.

Les 3 graphies de la lettre.

Les 3 graphies du mot référent et son dessin.

A a a

ABRICOT
abricot
abricot

- Prononce bien chaque mot de ce dessin pour entendre le son « a ».

Activité pour prononcer des mots dans lesquels on entend le son de la lettre étudiée. On peut en trouver d'autres dans la scène.

- Trouve parmi ces deux dessins celui où tu entends le son « a ».

Activité pour reconnaître le son de la lettre étudiée parmi 2 mots.

- Avec ton doigt, repasse sur la lettre en suivant le sens des flèches.

A

- Montre les lettres A.

ANANAS

4

Activité pour s'entraîner au tracé de la lettre majuscule bâton.

Activité pour repérer et montrer la lettre étudiée dans un mot.

A a ɑ

ABRICOT
abricot
abricot

● Prononce bien chaque mot de ce dessin pour entendre le son « a ».

● Trouve parmi ces deux dessins celui où tu entends le son « a ».

● Avec ton doigt, repasse sur la lettre en suivant le sens des flèches.

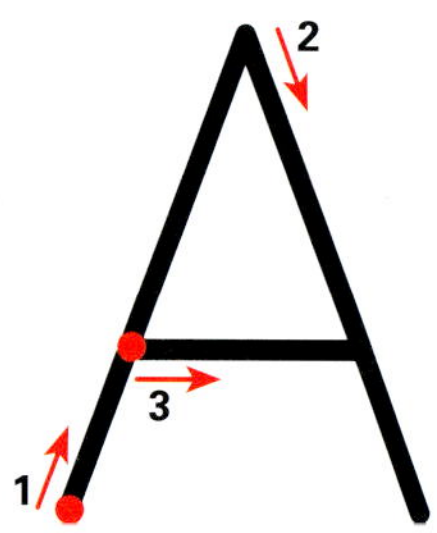

● Montre les lettres A.

ANANAS

B b *b*

BATEAU
bateau
bateau

- Prononce bien chaque mot de ce dessin pour entendre le son « b ».

- Trouve parmi ces deux dessins celui où tu entends le son « b ».

- Avec ton doigt, repasse sur la lettre en suivant le sens des flèches.

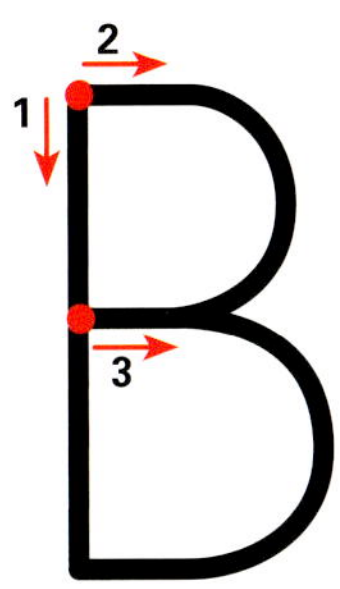

- Montre les lettres B.

BARBOTER

C c c

CAHIER
cahier
cahier

● Prononce bien chaque mot de ce dessin pour entendre le son « c ».

● Trouve parmi ces deux dessins celui où tu entends le son « c ».

● Avec ton doigt, repasse sur la lettre en suivant le sens de la flèche.

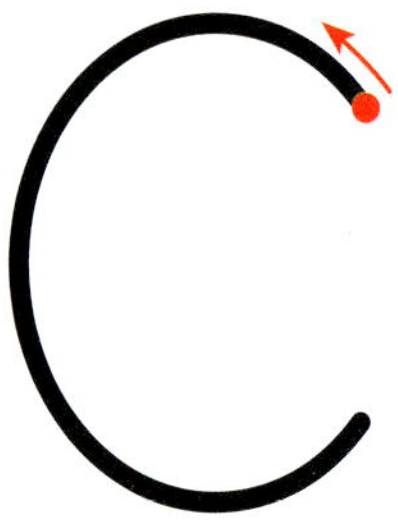

● Montre la lettre C.

ÉCOLE

D d d

DÉSERT
désert
désert

- Prononce bien chaque mot de ce dessin pour entendre le son « **d** ».

- Trouve parmi ces deux dessins celui où tu entends le son « **d** ».

- Avec ton doigt, repasse sur la lettre en suivant le sens des flèches.

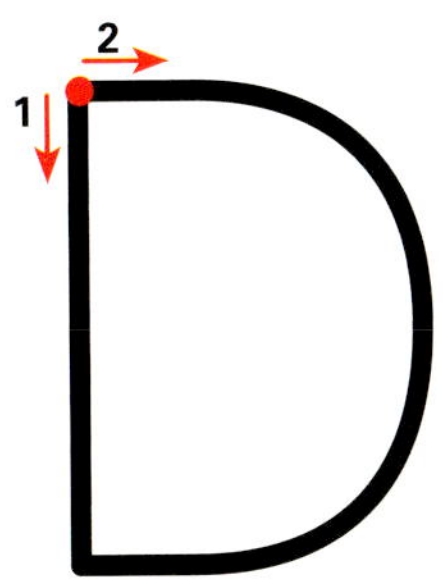

- Montre les lettres D.

DÉBARDEUR

E e e

ÉTOILE
étoile
étoile

- Prononce bien chaque mot de ce dessin pour entendre le son « e » ou « é ».

- Trouve parmi ces deux dessins celui où tu entends le son « é ».

- Avec ton doigt, repasse sur la lettre en suivant le sens des flèches.

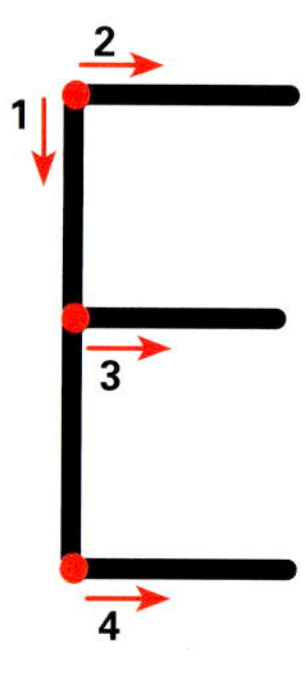

- Montre les lettres E.

CHEVALIER

F f *f*

FENÊTRE
fenêtre
fenêtre

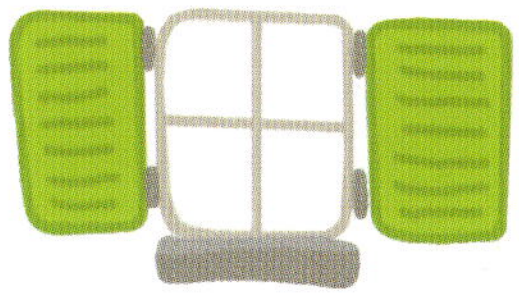

- Prononce bien chaque mot de ce dessin pour entendre le son « f ».

- Trouve parmi ces deux dessins celui où tu entends le son « f ».

- Avec ton doigt, repasse sur la lettre en suivant le sens des flèches.

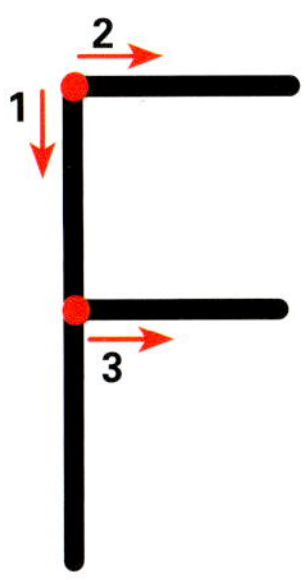

- Montre la lettre F.

FURET

G g g

GÂTEAU
gâteau
gâteau

- Prononce bien chaque mot de ce dessin pour entendre le son « g ».

- Trouve parmi ces deux dessins celui où tu entends le son « g ».

- Avec ton doigt, repasse sur la lettre en suivant le sens de la flèche.

G

- Montre les lettres G.

GARAGE

H h *h*

HARICOT
haricot
haricot

- Repère la lettre **h** dans les mots. Elle ne se prononce pas.

- Avec ton doigt, repasse sur la lettre en suivant le sens des flèches.

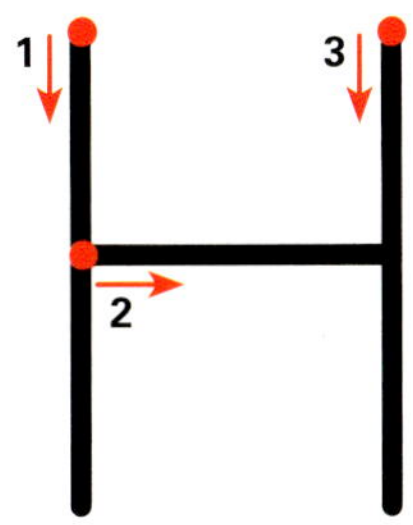

- Montre les lettres H.

CHIHUAHUA

I i *i*

IGLOO
igloo
igloo

● Prononce bien chaque mot de ce dessin pour entendre le son « **i** ».

● Trouve parmi ces deux dessins celui où tu entends le son « **i** ».

● Avec ton doigt, repasse sur la lettre en suivant le sens de la flèche.

I

● Montre les lettres I.

PATINOIRE

J j *j*

JUPE
jupe
jupe

● Prononce bien chaque mot de ce dessin pour entendre le son « j ».

● Trouve parmi ces deux dessins celui où tu entends le son « j ».

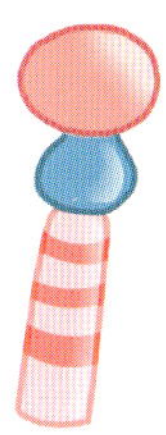

● Avec ton doigt, repasse sur la lettre en suivant le sens de la flèche.

J

● Montre la lettre J.

JONGLER

K k *k*

KIWI
kiwi
kiwi

● Prononce bien chaque mot de ce dessin pour entendre le son « **k** ».

● Trouve parmi ces deux dessins celui où tu entends le son « **k** ».

● Avec ton doigt, repasse sur la lettre en suivant le sens des flèches.

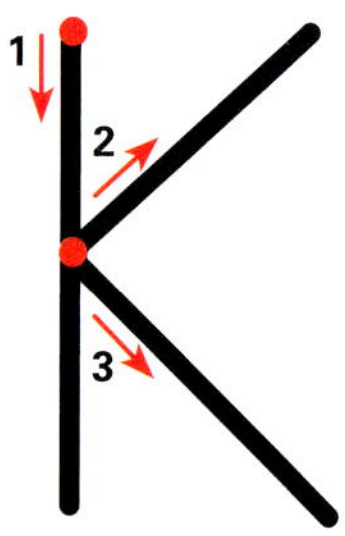

● Montre les lettres K.

KAYAK

L l *l*

LAPIN
lapin
lapin

- Prononce bien chaque mot de ce dessin pour entendre le son « l ».

- Trouve parmi ces deux dessins celui où tu entends le son « l ».

- Avec ton doigt, repasse sur la lettre en suivant le sens des flèches.

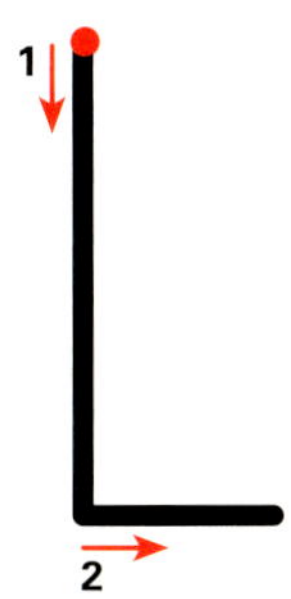

- Montre les lettres L.

LIBELLULE

M m *m*

MOUTON
mouton
mouton

● Prononce bien chaque mot de ce dessin pour entendre le son « m ».

● Trouve parmi ces deux dessins celui où tu entends le son « m ».

● Avec ton doigt, repasse sur la lettre en suivant le sens des flèches.

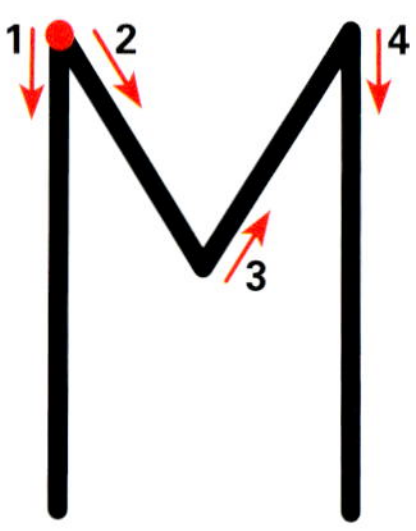

● Montre les lettres M.

MARMOTTE

N n n

NUIT
nuit
nuit

● Prononce bien chaque mot de ce dessin pour entendre le son « **n** ».

● Trouve parmi ces deux dessins celui où tu entends le son « **n** ».

● Avec ton doigt, repasse sur la lettre en suivant le sens des flèches.

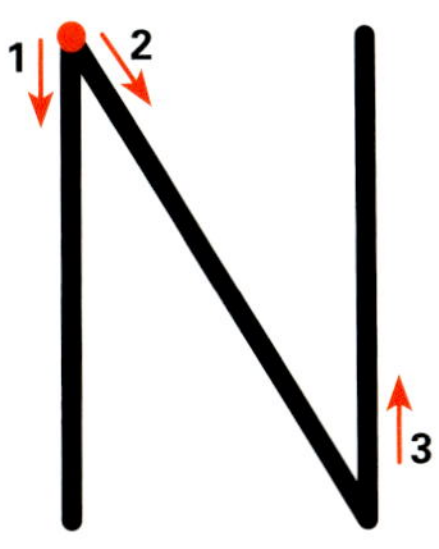

● Montre la lettre N.

JOURNAL

O o o

OKAPI
okapi
okapi

Prononce bien chaque mot de ce dessin pour entendre le son « o ».

Trouve parmi ces deux dessins celui où tu entends le son « o ».

Avec ton doigt, repasse sur la lettre en suivant le sens de la flèche.

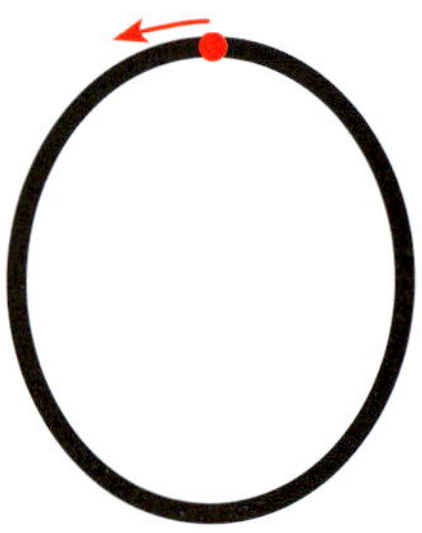

Montre les lettres O.

PHOTO

P p p

POULE
poule
poule

- Prononce bien chaque mot de ce dessin pour entendre le son « p ».

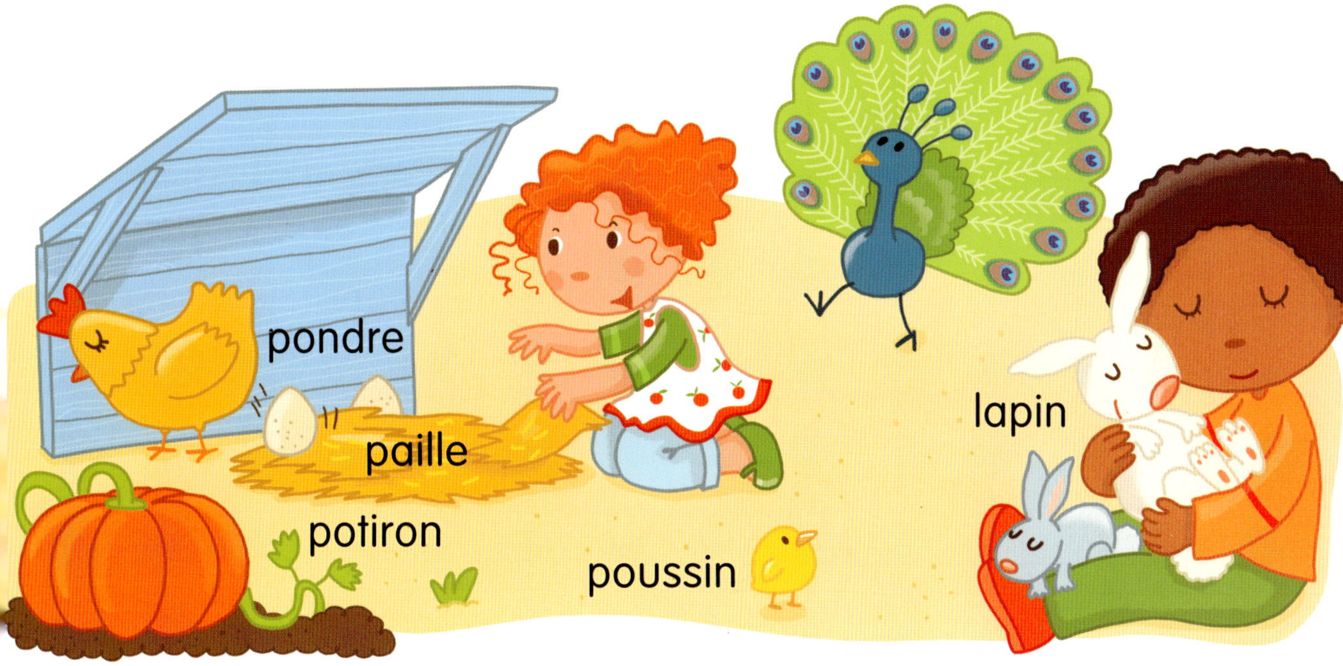

- Trouve parmi ces deux dessins celui où tu entends le son « p ».

- Avec ton doigt, repasse sur la lettre en suivant le sens des flèches.

2
1 P

- Montre les lettres P.

PAPILLON

Q q q

QUILLE
quille
quille

Prononce bien chaque mot de ce dessin pour entendre le son « q ».

Trouve parmi ces deux chiffres celui où tu entends le son « q ».

4   2

Avec ton doigt, repasse sur la lettre en suivant le sens des flèches.

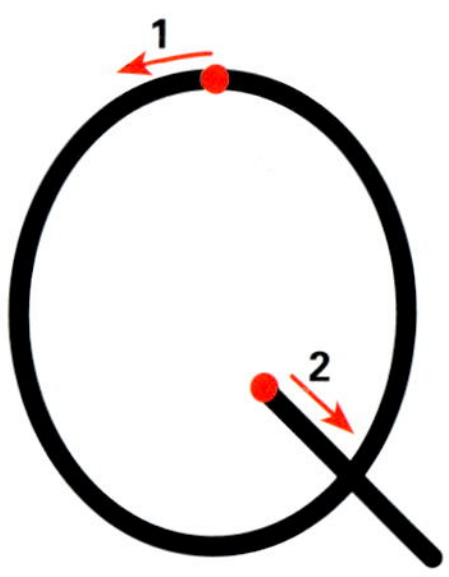

Montre la lettre Q.

COQUILLE

R r 𝓇

RÂTEAU
râteau
râteau

Prononce bien chaque mot de ce dessin pour entendre le son « r ».

Trouve parmi ces deux dessins celui où tu entends le son « r ».

Avec ton doigt, repasse sur la lettre en suivant le sens des flèches.

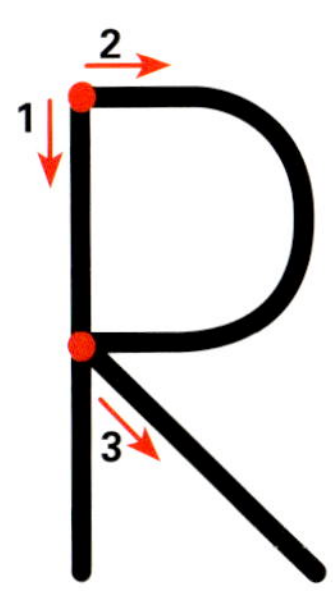

Montre les lettres R.

ARROSOIR

S s s

SERVIETTE
serviette
serviette

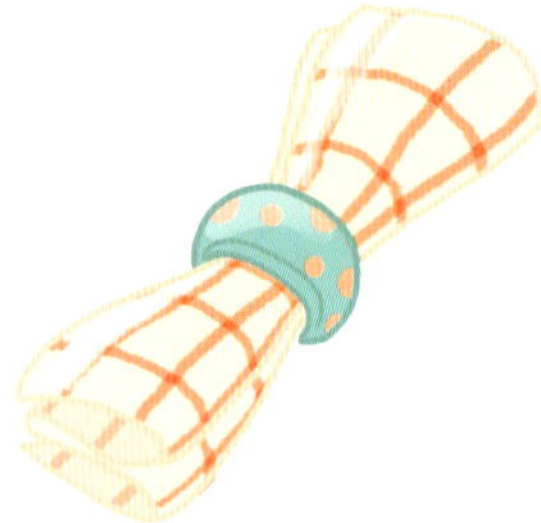

● Prononce bien chaque mot de ce dessin pour entendre le son « s ».

● Trouve parmi ces deux dessins celui où tu entends le son « s ».

● Avec ton doigt, repasse sur la lettre en suivant le sens de la flèche.

● Montre les lettres S.

ASSIETTE

T t t

TAMBOUR
tambour
tambour

Prononce bien chaque mot de ce dessin pour entendre le son « t ».

Trouve parmi ces deux dessins celui où tu entends le son « t ».

Avec ton doigt, repasse sur la lettre en suivant le sens des flèches.

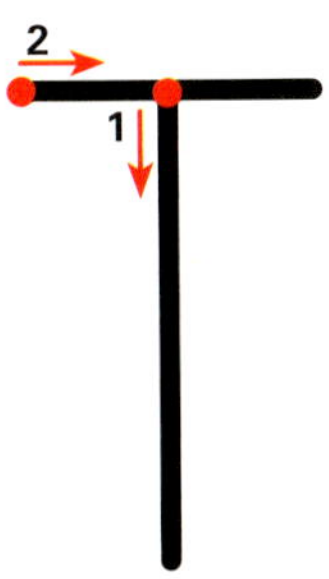

Montre les lettres T.

TORTUE

U u *u*

USINE
usine
usine

● Prononce bien chaque mot de ce dessin pour entendre le son « u ».

● Trouve parmi ces deux dessins celui où tu entends le son « u ».

● Avec ton doigt, repasse sur la lettre en suivant le sens de la flèche.

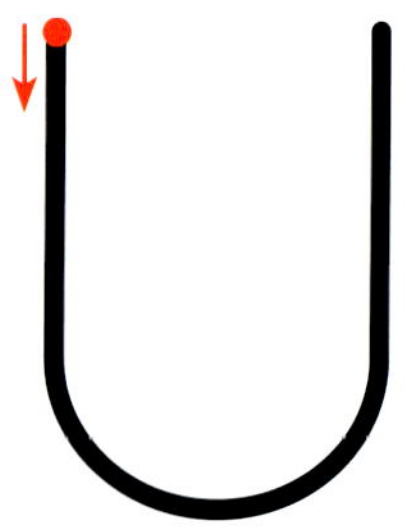

● Montre les lettres U.

CHAUSSURE

V v 𝓋

VÉLO

vélo

vélo

- Prononce bien chaque mot de ce dessin pour entendre le son « v ».

- Trouve parmi ces deux dessins celui où tu entends le son « v ».

- Avec ton doigt, repasse sur la lettre en suivant le sens des flèches.

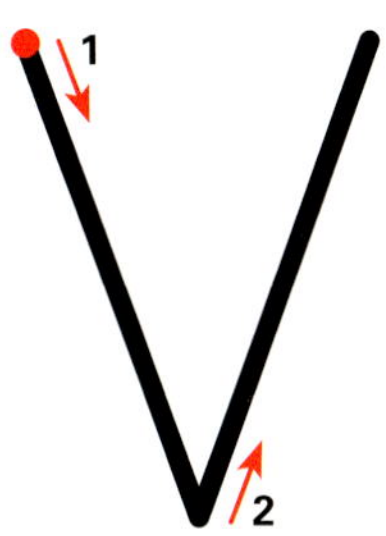

- Montre la lettre V.

VÉHICULE

W w w

WAGON

wagon

wagon

● Prononce bien chaque mot de ce dessin pour entendre les deux sons de cette lettre : « **V** » ou « **W** ».

● Avec ton doigt, repasse sur la lettre en suivant le sens des flèches.

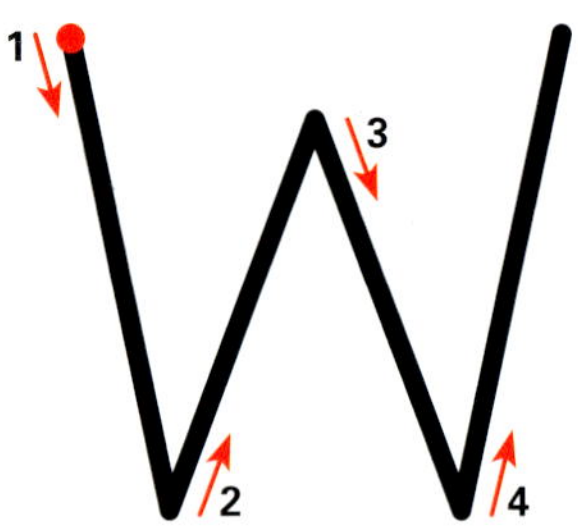

● Montre la lettre **W**.

WALLABY

X x x

XYLOPHONE
xylophone
xylophone

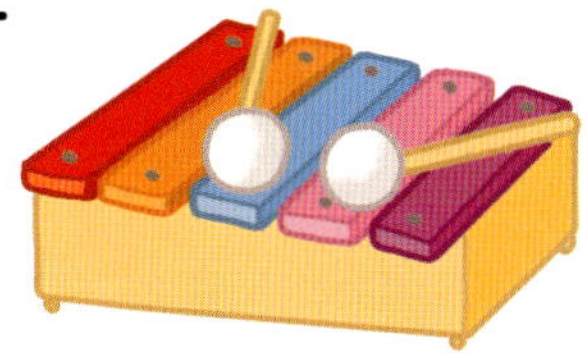

- Prononce bien chaque mot de ce dessin pour entendre le son « x ».

- Trouve parmi ces deux dessins celui où tu entends le son « x ».

- Avec ton doigt, repasse sur la lettre en suivant le sens des flèches.

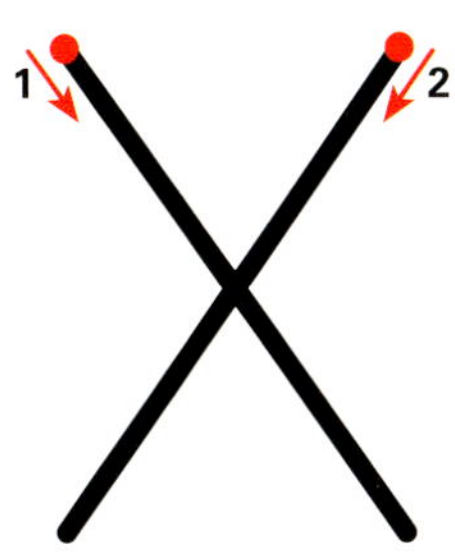

- Montre la lettre X.

EXERCICE

Y y *y*

YACK
yack
yack

- **Prononce bien chaque mot de ce dessin pour entendre les deux sons de cette lettre : « y » ou « i ».**

- **Avec ton doigt, repasse sur la lettre en suivant le sens des flèches.**

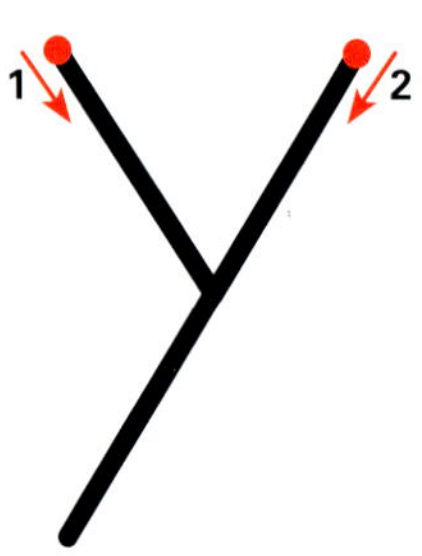

- **Montre la lettre Y.**

YOUPI !

Z z 𝓏

ZÈBRE
zèbre
zèbre

● Prononce bien chaque mot de ce dessin pour entendre le son « z ».

● Trouve parmi ces deux chiffres celui où tu entends le son « z ».

0 1

● Avec ton doigt, repasse sur la lettre en suivant le sens des flèches.

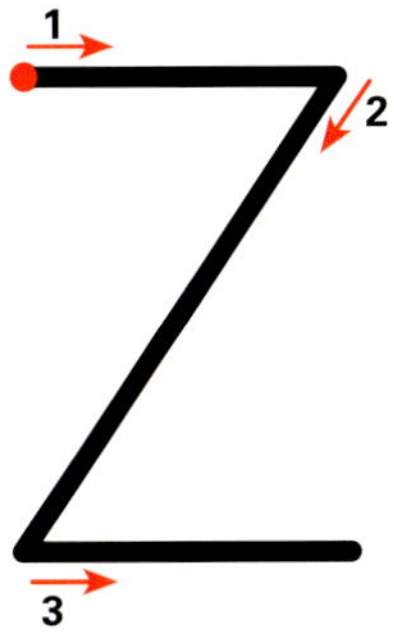

● Montre les lettres Z.

ZIGZAGUER

Abécédaire

A a a

abricot

B b b

bateau

C c c

cahier

D d d

désert

E e e

étoile

F f f
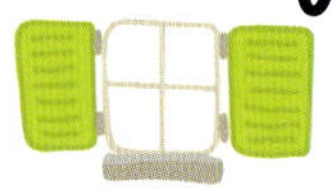
fenêtre

G g g

gâteau

H h h

haricot

I i i

igloo

J j j

jupe

K k k

kiwi

L l l

lapin

M m m

mouton

N n n

nuit

O o o

okapi

P p p

poule

Q q q

quille

R r r

râteau

S s s

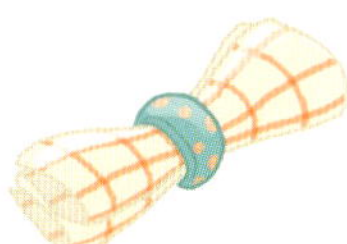

serviette

T t t

tambour

U u u

usine

V v v

vélo

W w w

wagon

X x x

xylophone

Y y y

yack

Z z z

zèbre

Pas à Pas

Pour aller plus loin dans l'apprentissage de la lecture :

des jeux de lecture
gratuits sur
www.hatierpasapas.com

dès 5 ans

Imprimé en Chine par Leo Paper. Dépôt légal : 94911-1/02, novembre 2011.